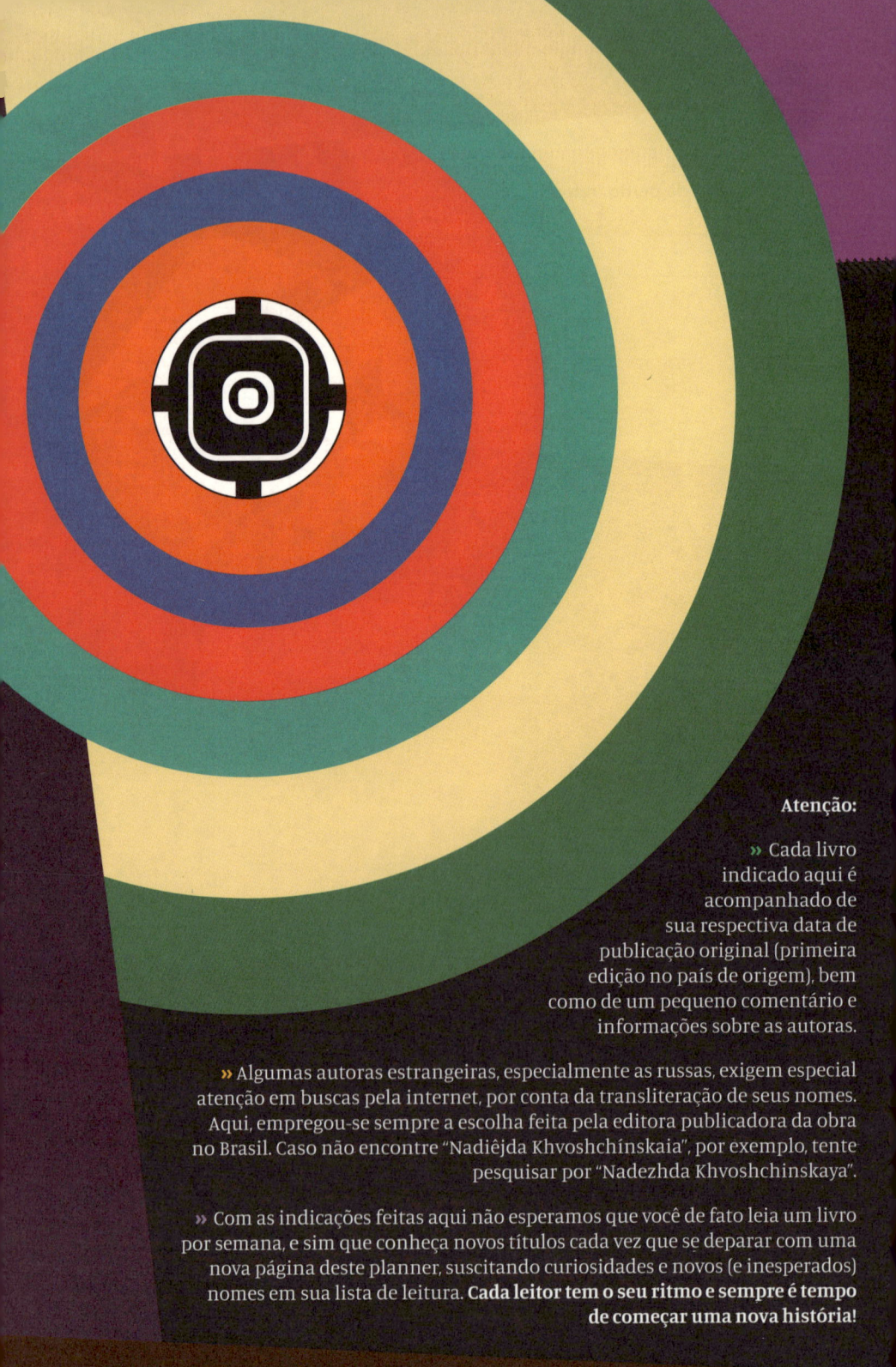

Atenção:

» Cada livro indicado aqui é acompanhado de sua respectiva data de publicação original (primeira edição no país de origem), bem como de um pequeno comentário e informações sobre as autoras.

» Algumas autoras estrangeiras, especialmente as russas, exigem especial atenção em buscas pela internet, por conta da transliteração de seus nomes. Aqui, empregou-se sempre a escolha feita pela editora publicadora da obra no Brasil. Caso não encontre "Nadiêjda Khvoshchínskaia", por exemplo, tente pesquisar por "Nadezhda Khvoshchinskaya".

» Com as indicações feitas aqui não esperamos que você de fato leia um livro por semana, e sim que conheça novos títulos cada vez que se deparar com uma nova página deste planner, suscitando curiosidades e novos (e inesperados) nomes em sua lista de leitura. **Cada leitor tem o seu ritmo e sempre é tempo de começar uma nova história!**

dados pessoais

Nome

Endereço

Cidade   CEP   UF

Telefone

E-mail

Redes sociais

Informações importantes

Grupo sanguíneo

Alergias

Contatos para emergência

Assistência médica

calendários

2019

JANEIRO
D	S	T	Q	Q	S	S
		1	2	3	4	5
6	7	8	9	10	11	12
13	14	15	16	17	18	19
20	21	22	23	24	25	26
27	28	29	30	31		

FEVEREIRO
D	S	T	Q	Q	S	S
					1	2
3	4	5	6	7	8	9
10	11	12	13	14	15	16
17	18	19	20	21	22	23
24	25	26	27	28		

MARÇO
D	S	T	Q	Q	S	S
					1	2
3	4	5	6	7	8	9
10	11	12	13	14	15	16
17	18	19	20	21	22	23
24	25	26	27	28	29	30
31						

ABRIL
D	S	T	Q	Q	S	S
	1	2	3	4	5	6
7	8	9	10	11	12	13
14	15	16	17	18	19	20
21	22	23	24	25	26	27
28	29	30				

MAIO
D	S	T	Q	Q	S	S
			1	2	3	4
5	6	7	8	9	10	11
12	13	14	15	16	17	18
19	20	21	22	23	24	25
26	27	28	29	30	31	

JUNHO
D	S	T	Q	Q	S	S
						1
2	3	4	5	6	7	8
9	10	11	12	13	14	15
16	17	18	19	20	21	22
23	24	25	26	27	28	29
30						

JULHO
D	S	T	Q	Q	S	S
	1	2	3	4	5	6
7	8	9	10	11	12	13
14	15	16	17	18	19	20
21	22	23	24	25	26	27
28	29	30	31			

AGOSTO
D	S	T	Q	Q	S	S
				1	2	3
4	5	6	7	8	9	10
11	12	13	14	15	16	17
18	19	20	21	22	23	24
25	26	27	28	29	30	31

SETEMBRO
D	S	T	Q	Q	S	S
1	2	3	4	5	6	7
8	9	10	11	12	13	14
15	16	17	18	19	20	21
22	23	24	25	26	27	28
29	30					

OUTUBRO
D	S	T	Q	Q	S	S
		1	2	3	4	5
6	7	8	9	10	11	12
13	14	15	16	17	18	19
20	21	22	23	24	25	26
27	28	29	30	31		

NOVEMBRO
D	S	T	Q	Q	S	S
					1	2
3	4	5	6	7	8	9
10	11	12	13	14	15	16
17	18	19	20	21	22	23
24	25	26	27	28	29	30

DEZEMBRO
D	S	T	Q	Q	S	S
1	2	3	4	5	6	7
8	9	10	11	12	13	14
15	16	17	18	19	20	21
22	23	24	25	26	27	28
29	30	31				

Feriados nacionais

1 jan Confraternização universal **5 mar** Carnaval **19 abr** Paixão de Cristo **21 abr** Páscoa / Tiradentes **1 maio** Dia do Trabalho **20 jun** Corpus Christi **7 set** Independência **12 out** Nossa Senhora de Aparecida **2 nov** Finados **15 nov** Proclamação da República **25 dez** Natal

Feriados nacionais
1 jan Confraternização universal **25 fev** Carnaval **10 abr** Paixão de Cristo
12 abr Páscoa **21 abr** Tiradentes **1 maio** Dia do Trabalho **11 jun** Corpus Christi
7 set Independência **12 out** Nossa Senhora de Aparecida **2 nov** Finados
15 nov Proclamação da República **25 dez** Natal

JANEIRO
D	S	T	Q	Q	S	S
			1	2	3	4
5	6	7	8	9	10	11
12	13	14	15	16	17	18
19	20	21	22	23	24	25
26	27	28	29	30	31	

FEVEREIRO
D	S	T	Q	Q	S	S
						1
2	3	4	5	6	7	8
9	10	11	12	13	14	15
16	17	18	19	20	21	22
23	24	25	26	27	28	29

MARÇO
D	S	T	Q	Q	S	S
1	2	3	4	5	6	7
8	9	10	11	12	13	14
15	16	17	18	19	20	21
22	23	24	25	26	27	28
29	30	31				

ABRIL
D	S	T	Q	Q	S	S
			1	2	3	4
5	6	7	8	9	10	11
12	13	14	15	16	17	18
19	20	21	22	23	24	25
26	27	28	29	30		

MAIO
D	S	T	Q	Q	S	S
					1	2
3	4	5	6	7	8	9
10	11	12	13	14	15	16
17	18	19	20	21	22	23
24	25	26	27	28	29	30
31						

JUNHO
D	S	T	Q	Q	S	S
	1	2	3	4	5	6
7	8	9	10	11	12	13
14	15	16	17	18	19	20
21	22	23	24	25	26	27
28	29	30				

JULHO
D	S	T	Q	Q	S	S
			1	2	3	4
5	6	7	8	9	10	11
12	13	14	15	16	17	18
19	20	21	22	23	24	25
26	27	28	29	30	31	

AGOSTO
D	S	T	Q	Q	S	S
						1
2	3	4	5	6	7	8
9	10	11	12	13	14	15
16	17	18	19	20	21	22
23	24	25	26	27	28	29
30	31					

SETEMBRO
D	S	T	Q	Q	S	S
		1	2	3	4	5
6	7	8	9	10	11	12
13	14	15	16	17	18	19
20	21	22	23	24	25	26
27	28	29	30			

OUTUBRO
D	S	T	Q	Q	S	S
				1	2	3
4	5	6	7	8	9	10
11	12	13	14	15	16	17
18	19	20	21	22	23	24
25	26	27	28	29	30	31

NOVEMBRO
D	S	T	Q	Q	S	S
1	2	3	4	5	6	7
8	9	10	11	12	13	14
15	16	17	18	19	20	21
22	23	24	25	26	27	28
29	30					

DEZEMBRO
D	S	T	Q	Q	S	S
		1	2	3	4	5
6	7	8	9	10	11	12
13	14	15	16	17	18	19
20	21	22	23	24	25	26
27	28	29	30	31		

calendários

2021

JANEIRO
D	S	T	Q	Q	S	S
					1	2
3	4	5	6	7	8	9
10	11	12	13	14	15	16
17	18	19	20	21	22	23
24	25	26	27	28	29	30
31						

FEVEREIRO
D	S	T	Q	Q	S	S
	1	2	3	4	5	6
7	8	9	10	11	12	13
14	15	**16**	17	18	19	20
21	22	23	24	25	26	27
28						

MARÇO
D	S	T	Q	Q	S	S
	1	2	3	4	5	6
7	8	9	10	11	12	13
14	15	16	17	18	19	20
21	22	23	24	25	26	27
28	29	30	31			

ABRIL
D	S	T	Q	Q	S	S
				1	**2**	3
4	5	6	7	8	9	10
11	12	13	14	15	16	17
18	19	20	**21**	22	23	24
25	26	27	28	29	30	

MAIO
D	S	T	Q	Q	S	S
						1
2	3	4	5	6	7	8
9	10	11	12	13	14	15
16	17	18	19	20	21	22
23	24	25	26	27	28	29
30	31					

JUNHO
D	S	T	Q	Q	S	S
		1	2	**3**	4	5
6	7	8	9	10	11	12
13	14	15	16	17	18	19
20	21	22	23	24	25	26
27	28	29	30			

JULHO
D	S	T	Q	Q	S	S
				1	2	3
4	5	6	7	8	9	10
11	12	13	14	15	16	17
18	19	20	21	22	23	24
25	26	27	28	29	30	31

AGOSTO
D	S	T	Q	Q	S	S
1	2	3	4	5	6	7
8	9	10	11	12	13	14
15	16	17	18	19	20	21
22	23	24	25	26	27	28
29	30	31				

SETEMBRO
D	S	T	Q	Q	S	S
			1	2	3	4
5	6	**7**	8	9	10	11
12	13	14	15	16	17	18
19	20	21	22	23	24	25
26	27	28	29	30		

OUTUBRO
D	S	T	Q	Q	S	S
					1	2
3	4	5	6	7	8	9
10	11	**12**	13	14	15	16
17	18	19	20	21	22	23
24	25	26	27	28	29	30
31						

NOVEMBRO
D	S	T	Q	Q	S	S
	1	**2**	3	4	5	6
7	8	9	10	11	12	13
14	**15**	16	17	18	19	20
21	22	23	24	25	26	27
28	29	30				

DEZEMBRO
D	S	T	Q	Q	S	S
			1	2	3	4
5	6	7	8	9	10	11
12	13	14	15	16	17	18
19	20	21	22	23	24	**25**
26	27	28	29	30	31	

Feriados nacionais

1 jan Confraternização universal **16 fev** Carnaval **2 abr** Paixão de Cristo **4 abr** Páscoa **21 abr** Tiradentes **1 maio** Dia do Trabalho **3 jun** Corpus Christi **7 set** Independência **12 out** Nossa Senhora de Aparecida **2 nov** Finados **15 nov** Proclamação da República **25 dez** Natal

desafios de leitura

Que tal se desafiar a ler mais, a ler melhor ou a ler diferente? Comece com os desafios abaixo:

- [ ] Ler pelo menos um livro indicado no mês
- [ ] Ler pelo menos dois livros indicados no mês
- [ ] Ler pelo menos três livros indicados no mês
- [ ] Ler todos os livros indicados no mês
- [ ] Ler os livros de dois meses em um mês
- [ ] Ler quatro autoras nacionais em três meses
- [ ] Ler um livro de um gênero que você não conhece a cada três meses
- [ ] Pesquisar a biografia detalhada de três autoras que você não conhecia
- [ ] Ler um livro indicado aqui e também por um/a amigo/a
- [ ] Ir a uma livraria e encontrar pelo menos um livro indicado no mês 7
- [ ] Ler pelo menos dois livros de autoras africanas em um semestre
- [ ] Ler pelo menos dois livros de autoras latinas em um semestre
- [ ] Ler pelo menos dois livros de autoras LGBTQ+ em um semestre
- [ ] Ler pelo menos seis livros cujas línguas originais não sejam inglês, espanhol ou português
- [ ] Pesquisar sobre outros dois livros de uma autora que você leu pela primeira vez e foi indicada aqui

@escotilhans

DESAFIO → CONCLUÍDO

#euabroaescotilha
#lendomulheresF

Conseguiu cumprir um dos desafios? Então aproxime o celular, tire uma foto e escreva o desafio concluído no espaço em branco. Agora, você poderá compartilhar a conquista com todo mundo!

mês 1

CITADINAS

Uma das representações clássicas da modernidade ocidental é o homem que anda pela cidade. No século 20, autorizadas a flanar, mulheres escreveram narrativas que se passam em cidades, seja como observadoras ou como sobreviventes. **Patti Smith** vaga por Nova York em busca de respostas, **Margaret Atwood** mostra um mundo distópico em que mulheres são coibidas de circular livremente. Já **Carolina Maria Jesus** e **Pagu** relatam a sobrevivência em um espaço urbano hiper-realista

Anotações gerais

NESTE MÊS, NÃO POSSO DEIXAR DE:

☐
☐
☐
☐
☐

PARA LER, ASSISTIR, JOGAR, OUVIR, DESCOBRIR...

☐
☐
☐
☐
☐

MELHORES *QUOTES* DO MÊS:

Livros do mês

SEMANA 1
O conto da aia,
Margaret Atwood

SEMANA 2
Quarto de despejo,
Carolina Maria de Jesus

SEMANA 3
Só garotos,
Patti Smith

SEMANA 4
Parque industrial,
Pagu

semana 1

Segunda-feira

Terça-feira

Quarta-feira

Quinta-feira

Sexta-feira

Sábado e Domingo

"Guerra é o que acontece quando a linguagem falha"
O CONTO DA AIA (1985), MARGARET ATWOOD

Em um mundo distópico, mulheres que vivem no pequeno país Gilead não têm direitos e são categorizadas em funções específicas pelo Estado. Offred, ou June, conta como isso aconteceu e como é seu cotidiano ao tentar sobreviver em busca de um futuro para ela e outras mulheres.

MARGARET ATWOOD

1939 —
Escritora, poeta, crítica literária e ativista

semana 2

Segunda-feira

Terça-feira

Quarta-feira

Quinta-feira

Sexta-feira

Sábado e Domingo

"A vida é igual um livro. Só depois de ter lido é que sabemos o que encerra"
QUARTO DE DESPEJO (1960), **CAROLINA MARIA DE JESUS**

Carolina Maria de Jesus é uma mestra na arte da narrativa. O diário dela, moradora do Canindé, mãe de três filhos e catadora de papel, é um dos relatos mais cortantes e poéticos da realidade de mulheres negras e pobres tentando sobreviver em grandes cidades.

CAROLINA MARIA DE JESUS
1914 — 1977
Compositora, poeta, escritora e catadora de papéis

semana 3

Segunda-feira

Terça-feira

Quarta-feira

Quinta-feira

Sexta-feira

Sábado e Domingo

"Quem entende o coração
de um jovem senão ele mesmo?"
SÓ GAROTOS (2010), **PATTI SMITH**

Patti Smith sonhava em ser poeta e largou tudo para ir a Nova York no final dos anos de 1960. Em *Só garotos*, conta como dormiu no Central Park, conheceu poetas e artistas famosos no Chelsea Hotel e encontrou Robert Mapplethorpe, com quem viveu tudo isso intensamente.

PATTI SMITH

1946 —
Cantora, compositora, poeta e escritora

Segunda-feira

Terça-feira

Quarta-feira

Quinta-feira

Sexta-feira

Sábado e Domingo

"Esse crime, o crime sagrado de ser divergente, nós o cometeremos sempre"
***PARQUE INDUSTRIAL* (1933), PAGU**

Romance de estreia de **Patrícia Galvão (Pagu)**, *Parque industrial* é considerado o primeiro a ter ambientação proletária no Brasil. Mostra a interação, e os dramas cotidianos, de mulheres e homens de classes baixa e alta convivendo entre fábricas e cortiços no bairro do Brás, em São Paulo.

PATRÍCIA GALVÃO
1910 — 1962
Escritora, poeta, dramaturga, desenhista e militante

mês 2

PARA ALÉM DO OCIDENTE

Olhar para além das histórias que nos ensinaram como clássicas, ouvir outras narrativas, outros modos de perceber o tempo em lugares que talvez nunca estejamos, mas que fazem parte de nosso imaginário e nos ajudam a propor novas formas de existir. As quatro autoras deste mês nos dão outras histórias, novos e velhos questionamentos com uma sensação inigualável de conexão. Japão, Índia, Irã ou o mundo animal de ursos polares — todos anseiam por amor, direitos e liberdade.

ANOTAÇÕES GERAIS

NESTE MÊS, NÃO POSSO DEIXAR DE:

- ☐
- ☐
- ☐
- ☐
- ☐

PARA LER, ASSISTIR, JOGAR, OUVIR, DESCOBRIR...

- ☐
- ☐
- ☐
- ☐
- ☐

MELHORES *QUOTES* DO MÊS:

LIVROS DO MÊS

SEMANA 1
O deus das pequenas coisas, **Arundhati Roy**

SEMANA 2
Querida Konbini, **Sayaka Murata**

SEMANA 3
Nós e eles, **Bahiyyih Nakhjavani**

SEMANA 4
Memórias de um urso-polar, **Yoko Tawada**

semana 1

Segunda-feira

Terça-feira

Quarta-feira

Quinta-feira

Sexta-feira

Sábado e Domingo

"Era esse o problema das famílias. Assim como médicos hostis, elas sabiam exatamente onde machucar" **O DEUS DAS PEQUENAS COISAS** (1997), **ARUNDHATI ROY**

SUZANNA ARUNDHATI ROY

1961 —
Escritora e ativista

A estreia da premiada escritora indiana é uma fábula sobre resistência diante da crueza de divergências políticas e religiosas. Irmãos gêmeos no sul da Índia de 1960 aprendem a narrar, com as mulheres de sua família, as fatalidades da vida através da beleza das pequenezas.

semana 2

Segunda-feira

Terça-feira

Quarta-feira

Quinta-feira

Sexta-feira

Sábado e Domingo

"Também estou em movimento, como uma dessas engrenagens. Sou uma peça no mecanismo do mundo, rodando dentro da manhã" **QUERIDA KONBINI (2016), SAYAKA MURATA**

SAYAKA MURATA
1979 —
Escritora

Uma das principais escritoras japonesas da atualidade coloca em xeque a necessidade de adaptação de homens e mulheres às regras sociais, fazendo um relato ácido e muitas vezes perturbador de uma mulher que tem um emprego considerado subalterno para os ideais de vida no Japão.

semana 3

Segunda-feira

Terça-feira

Quarta-feira

Quinta-feira

Sexta-feira

Sábado e Domingo

"Fui encorajada desde a infância a ver as aparentes contradições entre religiões como diferentes expressões de uma mesma verdade, como caminhos diferentes que levam ao mesmo destino/objetivo" **NÓS E ELES (2017), BAHIYYIH NAKHJAVANI**

Uma narrativa de exílio que apresenta três gerações como força motriz para o conhecimento da diáspora iraniana pelo viés de mulheres. A narração na primeira pessoa do plural, uma das técnicas da autora, se coloca do outro lado de um "eles" que causa conflitos.

BAHIYYIH NAKHJAVANI
1948 —
Escritora e especialista em Literatura

semana 4

Segunda-feira

Terça-feira

Quarta-feira

Quinta-feira

Sexta-feira

Sábado e Domingo

"Não há nada de errado com a prosa realista, mas eu preciso de fantasia"

MEMÓRIAS DE UM URSO-POLAR (2011), YOKO TAWADA

Partindo de uma história real, a autora conta a história fantástica de três ursos polares — avó, mãe e filho — vinculados ao entretenimento em zoológicos, fazendo humanos repensarem sua relação com a comunicação entre si e refletirem sobre os sentimentos e os deslocamentos ao longo do século 20.

YOKO TAWADA
1960 —
Escritora, ensaísta, dramaturga e especialista em Literatura

mês 3

DESVIANTES

Perguntas como "O que é ser mulher?" ou as lógicas das identidades de gênero têm se tornado premissas importantes na ficção contemporânea. Mas, como é possível perceber nos quatro livros deste mês, as pautas ditas como "desviantes" atravessam a história do século passado. Seja na história da Inglaterra que se confunde com a de um homem de 300 anos, em mulheres com laços no pescoço que outras pessoas insistem em tocar, nos duplos históricos ou no relacionamento com um homem transgênero, o desvio é a força que nos coloca em movimento.

ANOTAÇÕES GERAIS

NESTE MÊS, NÃO POSSO DEIXAR DE:

☐
☐
☐
☐
☐

PARA LER, ASSISTIR, JOGAR, OUVIR, DESCOBRIR...

☐
☐
☐
☐
☐

MELHORES *QUOTES* DO MÊS:

LIVROS INDICADOS

SEMANA 1
Orlando,
Virginia Woolf

SEMANA 2
O corpo dela e outras farras,
Carmem Maria Machado

SEMANA 3
Como ser as duas coisas,
Ali Smith

SEMANA 4
Argonautas,
Maggie Nelson

semana 1

Segunda-feira

Terça-feira

Quarta-feira

Quinta-feira

Sexta-feira

Sábado e Domingo

"Verdade! Não temos escolha senão confessar – era uma mulher"
ORLANDO (1928), **VIRGINIA WOOLF**

O livro atravessa mais de três séculos da história da Inglaterra pela visão de um jovem aristocrata que se vê transformado em mulher ao longo do tempo. Um jovem profundamente magoado pela guerra masculinizada e que luta como uma mulher para se tornar uma escritora premiada.

VIRGINIA WOOLF

1882 — 1941

Escritora, ensaísta, crítica literária e editora

semana 2

Segunda-feira

Terça-feira

Quarta-feira

Quinta-feira

Sexta-feira

Sábado e Domingo

"Acho que muitas escritoras estão interessadas em usar características do terror ou da fantasia para executar o trabalho que pretendem"

O CORPO DELA E OUTRAS FARRAS (2017), CARMEM MARIA MACHADO

Oito contos em que corpos dissidentes de mulheres passam por violências físicas e verbais e nunca de forma meramente realista e exploratória. **Carmen Maria Machado** mescla a fantasia e o terror para colocar em pauta o absurdo do cotidiano vivido por todos os tipos de mulheres.

CARMEM MARIA MACHADO

1986 —
Escritora, ensaísta e crítica literária

semana 3

Segunda-feira

Terça-feira

Quarta-feira

Quinta-feira

Sexta-feira

Sábado e Domingo

"A arte melhora sempre a verdade"
COMO SER AS DUAS COISAS (2014), ALI SMITH

ALI SMITH

1962 —
Escritora, jornalista e dramaturga

A escritora escocesa é habilidosa em brincar com as questões de gênero e nesse livro constrói uma história de duplos desviantes que se conversam entre séculos. Em vez de tratar de disfarces, em épocas proibitivas, aqui ela defende a conciliação de ser duas coisas ao mesmo tempo.

semana 4

Segunda-feira

Terça-feira

Quarta-feira

Quinta-feira

Sexta-feira

Sábado e Domingo

"Em algum momento, o limite do guarda-chuva cede lugar à amplitude do espaço aberto"
ARGONAUTAS (2015), **MAGGIE NELSON**

A arte de contar e de propor teorias importantes sobre gênero é o que a autora faz com maestria literária. Relatando sua relação com um artista de gênero fluído, ela propõe novas ideias de construir personagens desviantes da heteronormatividade, usando a linguagem como aliada.

MAGGIE NELSON
1973 —
Escritora, ensaísta e poeta

mês 4

CONTADORAS DE (OUTRAS) HISTÓRIAS

Desde *As mil e uma noites* mulheres são conhecidas como excelentes contadoras de história. Se a historiografia oficial fosse escrita por mulheres, usando os relatos por elas recolhidos diariamente, teríamos uma miríade de outras histórias brotando da árvore oficial. As quatro autoras deste mês se sentem responsáveis pelas histórias que contam, sejam elas suas próprias ou de outras mulheres em situações vulneráveis.

ANOTAÇÕES GERAIS

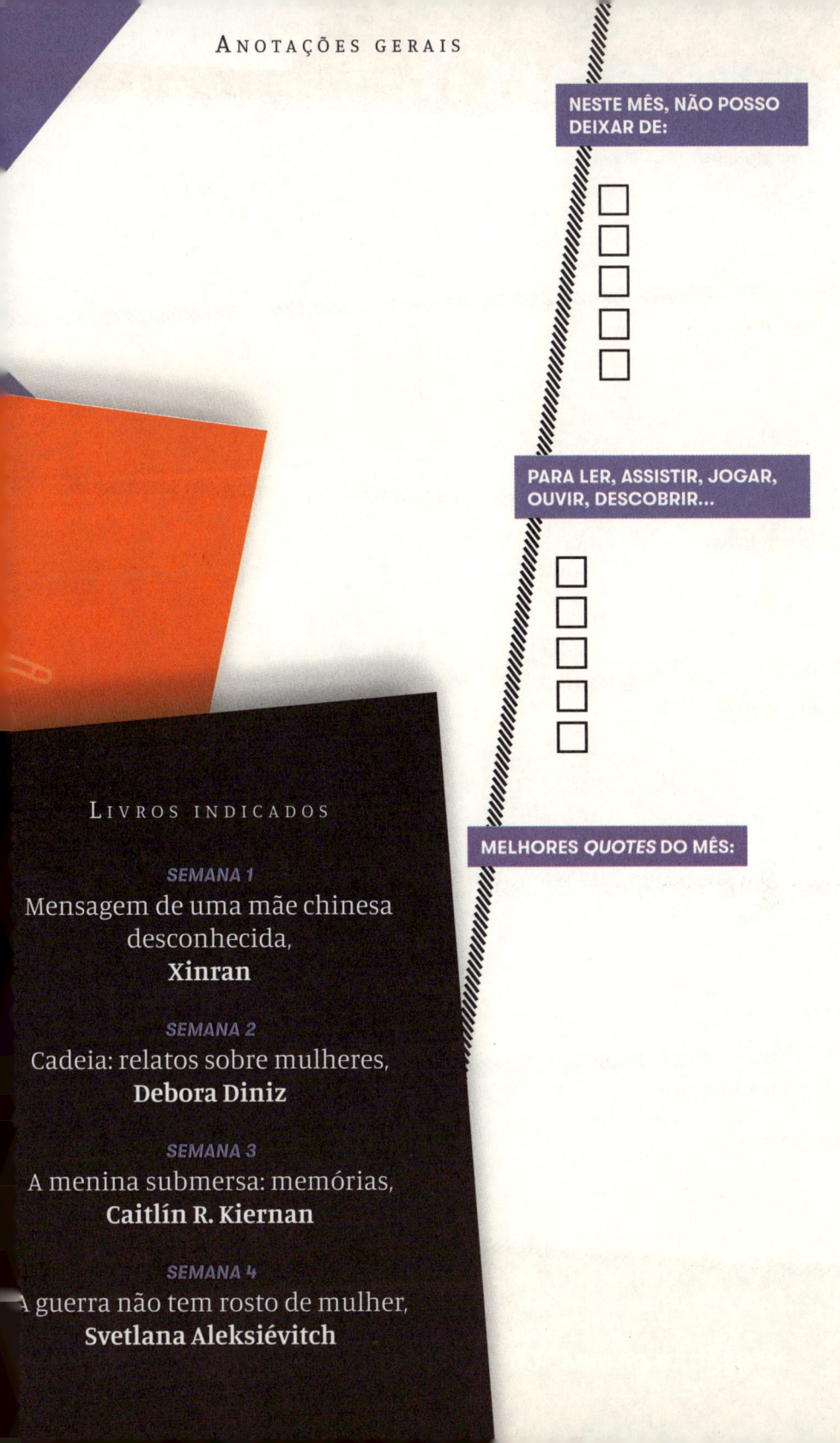

NESTE MÊS, NÃO POSSO DEIXAR DE:

☐
☐
☐
☐
☐

PARA LER, ASSISTIR, JOGAR, OUVIR, DESCOBRIR...

☐
☐
☐
☐
☐

MELHORES *QUOTES* DO MÊS:

LIVROS INDICADOS

SEMANA 1
Mensagem de uma mãe chinesa desconhecida,
Xinran

SEMANA 2
Cadeia: relatos sobre mulheres,
Debora Diniz

SEMANA 3
A menina submersa: memórias,
Caitlín R. Kiernan

SEMANA 4
A guerra não tem rosto de mulher,
Svetlana Aleksiévitch

semana 1

Segunda-feira

Terça-feira

Quarta-feira

Quinta-feira

Sexta-feira

Sábado e Domingo

"Meu nome é Waiter – não no sentido de alguém que serve uma mesa em um restaurante, mas no sentido de alguém que espera por um futuro que nunca virá"

MENSAGEM DE UMA MÃE CHINESA DESCONHECIDA (2010), XINRAN

A lei do planejamento familiar que vigora na China é conhecida pela sua radicalidade na quantidade de crianças nascidas. Porém, pouco se fala do perigo específico para meninas. Xinran conta dez histórias que revelam a crueldade por trás do controle do Estado.

XINRAN
1958 —
Escritora, jornalista e radialista

semana 2

Segunda-feira

Terça-feira

Quarta-feira

Quinta-feira

Sexta-feira

Sábado e Domingo

"A discórdia moral é o destino irrevogável da humanidade"

CADEIA: RELATOS SOBRE MULHERES (2015), DEBORA DINIZ

Uma professora universitária passa seis meses convivendo com mulheres prisioneiras no estado do Distrito Federal e o resultado são relatos reais de tentativas de sobrevivência em um mundo opressor, principalmente para quem está sendo punida por ser desviante juridicamente.

DEBORA DINIZ
1970 —
Antropóloga, pesquisadora, professora, documentarista e ensaísta

semana 3

Segunda-feira

Terça-feira

Quarta-feira

Quinta-feira

Sexta-feira

Sábado e Domingo

> "Será que sou uma louca que apenas transfere seus delírios e consciência perturbada para a palavra escrita?"
>
> **A MENINA SUBMERSA: MEMÓRIAS (2012), CAITLÍN R. KIERNAN**

Relatar uma doença mental não é simples. Imagine então permitir que as dores também possam habitar mundos que vão da fantasia ao terror... A autora faz isso e dá ferramentas na mão de uma narradora esquizofrênica que tenta explicar ao leitor por onde andou e com que seres combateu.

CAITLÍN R. KIERNAN
1964 —
Escritora e paleontologista

semana 4

Segunda-feira

Terça-feira

Quarta-feira

Quinta-feira

Sexta-feira

Sábado e Domingo

"É impossível chegar muito perto da realidade, cara a cara. Entre a realidade e nós existem os nossos sentimentos"
A GUERRA NÃO TEM ROSTO DE MULHER (1985), SVETLANA ALEKSIÉVITCH

Mulheres soviéticas que combateram durante a Segunda Guerra Mundial contam sobre as baixas pessoais sofridas em meio às batalhas em que agiram nas linhas de frente ou na retaguarda. O dom da jornalista é montar os depoimentos de maneira arrebatadora. Impossível passar incólume.

SVETLANA ALEKSIÉVITCH
1948 —
Escritora e jornalista

mês 5

HABITANTES DE VERSOS

Houve um tempo na literatura que se acreditou que as mulheres poderiam habitar os versos apenas como musas. No século 19, a poeta estadunidense Emily Dickinson começaria um poema com "Eu habito a possibilidade", abrindo portas para poetas do passado e do futuro. As poetas deste mês habitam as muitas possibilidades de existir em versos, seja na guerra, na comédia, nas rimas ou no cotidiano.

ANOTAÇÕES GERAIS

NESTE MÊS, NÃO POSSO DEIXAR DE:

☐
☐
☐
☐
☐

PARA LER, ASSISTIR, JOGAR, OUVIR, DESCOBRIR...

☐
☐
☐
☐
☐

MELHORES *QUOTES* DO MÊS:

LIVROS INDICADOS

SEMANA 1
Poemas,
Wislawa Szymborska

SEMANA 2
Um útero é do tamanho de um punho,
Angélica Freitas

SEMANA 3
Poética,
Ana Cristina Cesar

SEMANA 4
Da arte das armadilhas,
Ana Martins Marques

semana 1

Segunda-feira

Terça-feira

Quarta-feira

Quinta-feira

Sexta-feira

Sábado e Domingo

"Morrer apenas o estritamente necessário, sem ultrapassar a medida"
POEMAS (2011), WISLAWA SZYMBORSKA

WISLAWA SZYMBORSKA

1923 — 2012
*Poeta,
crítica literária
e tradutora*

A poeta polonesa, vencedora do Prêmio Nobel, passeia pelo século 20 através de seus versos. Guerras e ideologias se misturam com mitos e quadros que borram as identidades de mulheres. Seus versos são diretos e reflexivos, como se estivéssemos em constante diálogo e descoberta.

semana 2

Segunda-feira

Terça-feira

Quarta-feira

Quinta-feira

Sexta-feira

Sábado e Domingo

"Uma mulher incomoda/ é interditada/ levada para o depósito/ das mulheres que incomodam"
UM ÚTERO É DO TAMANHO DE UM PUNHO (2012), ANGÉLICA FREITAS

Um livro de poesia repleto de amor e fúria, das mulheres que decidem ser mulheres na Tailândia até as que buscam no Google se uma mulher pensa e/ou é capaz de querer. A obra é uma investigação em versos sobre as violências cotidianas de se ter, ou não, um útero.

ANGÉLICA FREITAS
1973 —
Poeta e tradutora

semana 3

Segunda-feira

Terça-feira

Quarta-feira

Quinta-feira

Sexta-feira

Sábado e Domingo

"Escuta, Judas. / Antes que você parta pro teu baile. / A morte nos absorve inteiramente. / Tudo é aconchego árido."
POÉTICA (2013), ANA CRISTINA CESAR

Nada de *musa* da poesia marginal dos anos de 1970 — **Ana Cristina Cesar** foi visceral e flertou com o erudito e o pop sem delongas, tornando-se uma poeta única. Essa coletânea traz a sua produção poética completa, permitindo que o/a leitor/a tenha uma visão ampla da sua produção.

ANA CRISTINA CESAR

1952 — 1983
Poeta, crítica literária, professora e tradutora

semana 4

Segunda-feira

Terça-feira

Quarta-feira

Quinta-feira

Sexta-feira

Sábado e Domingo

"E então se sentam/ lado a lado/ para que ela lhe narre/ a odisseia da espera"
DA ARTE DAS ARMADILHAS (2011), ANA MARTINS MARQUES

Uma poeta observadora do mundo e que percebe as armadilhas como coisas boas e não apenas situações sem anúncio. Entre elementos do interior de uma casa como talheres e cortinas, há figuras como Safo e Penélope, que habitam as armadilhas deliciosamente poéticas do cotidiano.

ANA MARTINS MARQUES
1977 —
Poeta, redatora, revisora e especialista em Literatura

mês 6

PERSONAGENS INESQUECÍVEIS

O apego com uma personagem é um fato dado para qualquer tipo de leitor/a; seguimos argutamente lado a lado dessa criatura ou pessoa e não sabemos lidar na despedida. As escritoras deste mês são hábeis em nos dar não apenas amigas, mas mulheres que nos fazem ver a História de outra maneira, que nos permitem crescer juntas, viver aventuras fantásticas, mas também sentir muito por aquelas que ficaram para trás. As quatro autoras deste mês são mestres na narrativa e nos levam junto para dentro de suas histórias.

ANOTAÇÕES GERAIS

NESTE MÊS, NÃO POSSO DEIXAR DE:

☐
☐
☐
☐
☐

PARA LER, ASSISTIR, JOGAR, OUVIR, DESCOBRIR...

☐
☐
☐
☐
☐

MELHORES *QUOTES* DO MÊS:

LIVROS INDICADOS

SEMANA 1
Tetralogia Napolitana,
Elena Ferrante

SEMANA 2
A moça do internato,
Nadiêjda Khvoshchínskaia

SEMANA 3
Mary Poppins,
Pamela Lyndon Travers

SEMANA 4
A hora da estrela,
Clarice Lispector

semana 1

Segunda-feira

Terça-feira

Quarta-feira

Quinta-feira

Sexta-feira

Sábado e Domingo

"Não só não quis derrotá-lo, mas também calibrou silêncios e respostas de modo a não ser derrotada"
**A AMIGA GENIAL (2011), TETRALOGIA NAPOLITANA (2011-2014)
ELENA FERRANTE**

Os quatro livros da Tetralogia Napolitana não são apenas a história de uma amizade entre Lila e Lenu em uma Itália precarizada do pós-guerra. Eles formam um relato contundente de vidas díspares, repletas de alegria, glória e tristeza, porém profundamente conectadas pela crença mútua.

ELENA FERRANTE
? —
Escritora e ensaísta

semana 2

Segunda-feira

Terça-feira

Quarta-feira

Quinta-feira

Sexta-feira

Sábado e Domingo

"O que você chama de perfeição é uma mulher que vendeu a própria vontade, que se arremessou num abismo…"
A MOÇA DO INTERNATO (1861), NADIÊJDA KHVOSHCHÍNSKAIA

Liôlienka é uma personagem única. Muitos clássicos da literatura revelam perspectivas para as mulheres durante o século 19, porém o que Nadiêjda Khvoschínskaia faz aqui é trazer uma protagonista que rompe com todas as regras da época em busca de uma liberdade sem punições.

NADIÊJDA KHVOSHCHÍNSKAIA
1824 — 1889
Escritora, tradutora, crítica literária e ensaísta

semana 3

Segunda-feira

Terça-feira

Quarta-feira

Quinta-feira

Sexta-feira

Sábado e Domingo

"Mas será que vocês não sabem – ela disse passivamente – que cada um de nós tem a sua própria Terra das Fadas?"
MARY POPPINS (1934-1988), PAMELA LYNDON TRAVERS

Uma babá que permite a crianças negligenciadas viverem situações fantásticas, inclusive com guarda-chuvas voadores e vacas dançantes. Mary Poppins é a personagem ácida e divertida que permitiu à escritora australiana, numa série de livros, entreter e questionar a educação inglesa por meio da literatura fantástica.

PAMELA LYNDON TRAVERS
1899 — 1996
Atriz, jornalista e escritora

semana 4

Segunda-feira

Terça-feira

Quarta-feira

Quinta-feira

Sexta-feira

Sábado e Domingo

"Ela acreditava em anjo e, porque acreditava, eles existiam"
A HORA DA ESTRELA (1977), CLARICE LISPECTOR

Narrar a história de uma mulher migrante em São Paulo sem exotizar ou julgar é algo que apenas Clarice Lispector poderia fazer. Macabéa é filósofa popular da literatura brasileira, vive cada dia como se fosse o último, observando as vicissitudes da vida como se fossem prêmios.

CLARICE LISPECTOR
1920 — 1977
Escritora e jornalista

mês 7

(RE)DESCOBERTAS

Em *Um teto todo seu*, a escritora inglesa Virginia Woolf lamenta a ausência de livros escritos por mulheres em séculos anteriores, porém, com o passar das décadas, muitas escritoras foram redescobertas e mudaram vários rumos que eram considerados solidificados na historiografia da literatura. As escritoras deste mês são todas brasileiras e passaram a ser lidas com maior frequência graças a movimentos como o #leiamulheres.

ANOTAÇÕES GERAIS

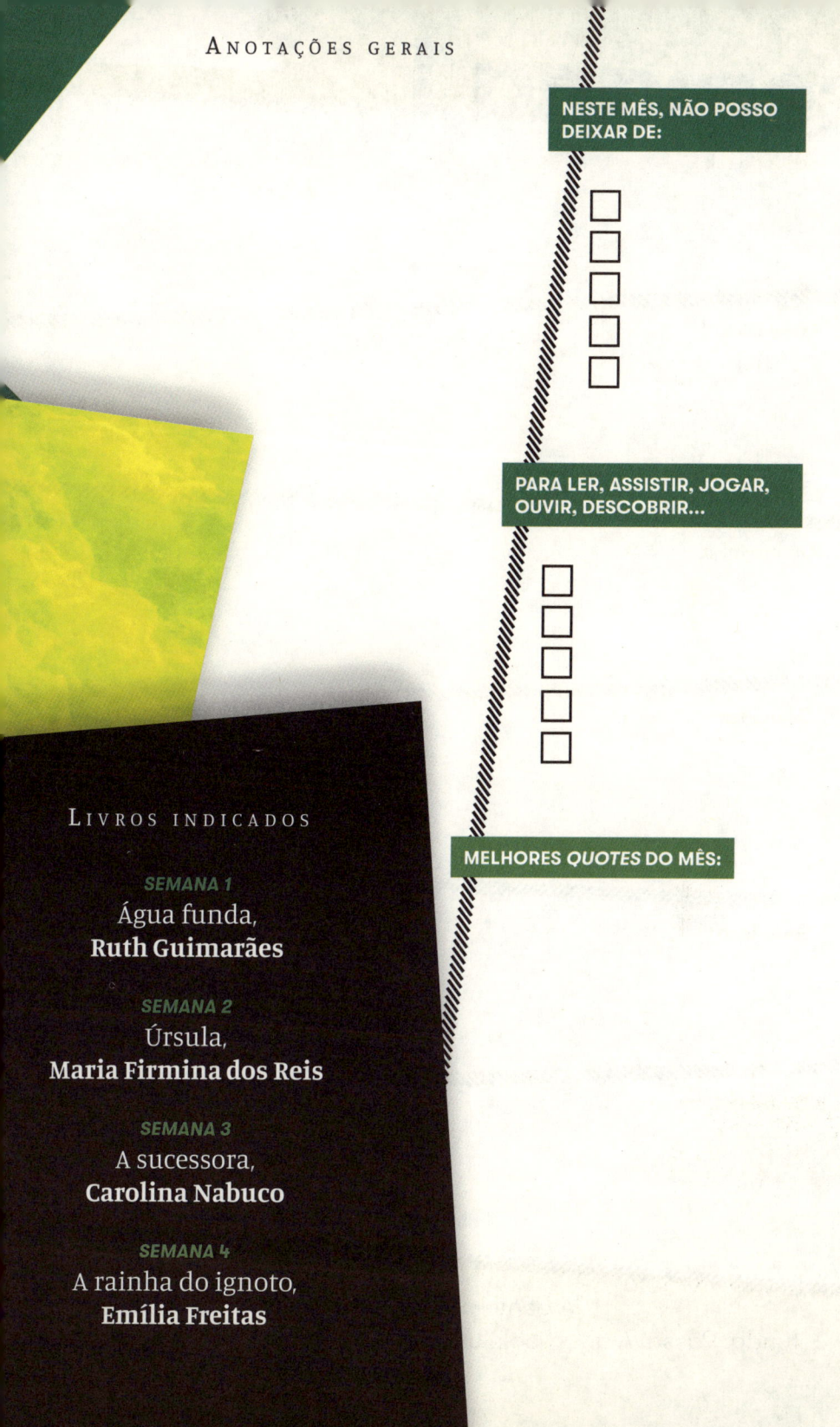

NESTE MÊS, NÃO POSSO DEIXAR DE:

☐
☐
☐
☐
☐

PARA LER, ASSISTIR, JOGAR, OUVIR, DESCOBRIR...

☐
☐
☐
☐
☐

MELHORES *QUOTES* DO MÊS:

LIVROS INDICADOS

SEMANA 1
Água funda,
Ruth Guimarães

SEMANA 2
Úrsula,
Maria Firmina dos Reis

SEMANA 3
A sucessora,
Carolina Nabuco

SEMANA 4
A rainha do ignoto,
Emília Freitas

semana 1

Segunda-feira

Terça-feira

Quarta-feira

Quinta-feira

Sexta-feira

Sábado e Domingo

"A gente passa nesta vida, como canoa em água funda. Passa. A água bole um pouco. E depois não fica mais nada"
ÁGUA FUNDA (1946), RUTH GUIMARÃES

Obra de estreia da escritora que acumulou vários pioneirismos. O livro é considerado um precursor do realismo fantástico latino-americano e traz histórias e causos de uma cidadezinha aparentemente banal do interior de São Paulo que ainda convive com os fantasmas da escravidão.

RUTH GUIMARÃES
1920 — 2014
Escritora, poeta e tradutora

semana 2

Segunda-feira

Terça-feira

Quarta-feira

Quinta-feira

Sexta-feira

Sábado e Domingo

"Mesquinho e humilde livro é este que vos apresento, leitor. Sei que passará entre o indiferentismo glacial de uns e o riso mofador de outros, e ainda assim o dou a lume"

ÚRSULA (1859), MARIA FIRMINA DOS REIS

O romance é um marco importante da literatura brasileira do século 19, pois é considerado o primeiro escrito por uma mulher, negra e que vivia fora do centro cultural da época. A história é simples, mas inova ao dar voz, em um capítulo inteiro, a uma escravizada.

MARIA FIRMINA DOS REIS
1822 — 1917
Escritora e educadora

semana 3

Segunda-feira

Terça-feira

Quarta-feira

Quinta-feira

Sexta-feira

Sábado e Domingo

"Agora hei de cair ou vencer com as minhas próprias armas"
A *SUCESSORA* (1934), CAROLINA NABUCO

A autora carioca foi uma das primeiras escritoras a se projetar internacionalmente e viver de literatura. O romance é uma prosa intimista e psicológica sobre uma mulher que teme a sombra de outra já falecida. O típico enredo de época influenciou outras escritoras e até mesmo cineastas.

CAROLINA NABUCO
1890 — 1981
Escritora e tradutora

semana 4

Segunda-feira

Terça-feira

Quarta-feira

Quinta-feira

Sexta-feira

Sábado e Domingo

"Então, Henriqueta, julga você que a boa educação consiste somente em saber botar um espartilho, atacar um cinto, fazer um bonito penteado, cobrir as faces de pós-de-arroz, os lábios de carmim, calçar umas luvas, conhecer os artigos de moda, tocar um pouco de piano e dançar quadrilhas e valsas? Há outros conhecimentos muito mais necessários" **A RAINHA DO IGNOTO (1899), EMÍLIA FREITAS**

Considerado o primeiro romance de fantasia a ser publicado no Brasil, o livro, escrito por uma cearense e publicado nos últimos suspiros do século 19, conta a história de uma sociedade secreta de mulheres lideradas por uma rainha que chama a atenção de um jovem curioso.

EMÍLIA FREITAS
1855 — 1908
Escritora, poeta e professora

mês 8

ANCESTRALIDADE

Buscar as origens é um direito sagrado para a historiografia de mulheres e de todas as minorias que tiveram suas narrativas negadas ao longo da História. Nos quatro livros deste mês, mulheres negras e indígenas de vários cantos do mundo recontam as histórias de seus ancestrais refletindo sobre as trajetórias próprias delas mesmas — uma verdadeira aula

ANOTAÇÕES GERAIS

NESTE MÊS, NÃO POSSO DEIXAR DE:

- ☐
- ☐
- ☐
- ☐
- ☐

PARA LER, ASSISTIR, JOGAR, OUVIR, DESCOBRIR...

- ☐
- ☐
- ☐
- ☐
- ☐

MELHORES *QUOTES* DO MÊS:

LIVROS INDICADOS

SEMANA 1
Kindred: laços de sangue,
Octavia E. Butler

SEMANA 2
A mulher de pés descalços,
Scholastique Mukasonga

SEMANA 3
Um defeito de cor,
Ana Maria Gonçalves

SEMANA 4
A árvore de carne e outros contos,
Lia Minápoty

semana 1

Segunda-feira

Terça-feira

Quarta-feira

Quinta-feira

Sexta-feira

Sábado e Domingo

"Comecei a escrever sobre poder, porque era algo que eu tinha muito pouco"
KINDRED: LAÇOS DE SANGUE (1979), OCTAVIA E. BUTLER

Já diz um
velho provérbio que quem não
sabe a própria história não tem memória. Uma
das primeiras mulheres negras na ficção científica
conta a violência da escravidão nos Estados Unidos através da viagem no tempo de uma escritora
em busca da ancestralidade.

**OCTAVIA
E. BUTLER**
1947 — 2006
*Escritora,
poeta e
tradutora*

semana 2

Segunda-feira

Terça-feira

Quarta-feira

Quinta-feira

Sexta-feira

Sábado e Domingo

"Mãezinha, eu não estava lá para cobrir o seu corpo, e tenho apenas palavras – palavras de uma língua que você não entendia – para realizar aquilo que você me pediu. E estou sozinha com minhas pobres palavras e com minhas frases, na página do caderno, tecendo e retecendo a mortalha do seu corpo ausente"

A MULHER DE PÉS DESCALÇOS (2008), SCHOLASTIQUE MUKASONGA

Contar a história de um genocídio através da história de afetos é uma das técnicas mais bonitas desenvolvidas pela escritora ruandesa. No livro, homenageando a mãe, a autora conta detalhes da vida das mulheres antes das guerras genocidas entre homens.

SCHOLASTIQUE MUKASONGA
1956 —
Escritora e assistente social

semana 3

Segunda-feira

Terça-feira

Quarta-feira

Quinta-feira

Sexta-feira

Sábado e Domingo

"Às vezes, parece-me que nada é suficiente na vida, nem as coisas boas nem as coisas más, pelo menos não a ponto de me deter"
UM DEFEITO DE COR (2006), ANA MARIA GONÇALVES

Não se deve ter medo de livros grossos e essa, literalmente, odisseia é uma das mais completas obras sobre diáspora negra no Brasil, contada pelo olhar de mulheres escravizadas em busca de uma história toda delas, com a violência, as lutas e as pequenas alegrias que as trajetórias delas têm.

ANA MARIA GONÇALVES
1970 —
Escritora e publicitária

semana 4

Segunda-feira

Terça-feira

Quarta-feira

Quinta-feira

Sexta-feira

Sábado e Domingo

"Ele suspendeu a mão para apanhar um quando o fruto se abriu e Guarimonãg viu que o fruto era um olho. Ele olhou para cima e viu todos os frutos piscarem. Descobriu então que todos os frutos eram olhos e piscavam sem parar"

**A ÁRVORE DE CARNE E OUTROS CONTOS (2012)
LIA MINÁPOTY E YAGUARÊ YAMÃ**

O livro traz seis contos de um vasto repertório de histórias ancestrais contadas pelo povo Maraguá. Uma ótima oportunidade de perceber que muitas histórias populares brasileiras têm base na cultura indígena, cheia de antropomorfismos e embates espirituais éticos.

LIA MINÁPOTY
1989 —
Escritora, é casada com Yaguarê Yamã, com quem escreve seus livros e atua na militância indígena

mês 9

COTIDIANAS

Quando vivenciamos uma rotina, parece que nada acontece. Porém, há escritoras capazes de extrair histórias fantásticas desses momentos que parecem ser apenas punhados de tempo passando. Todos os livros deste mês são sobre situações rotineiras, até mesmo quando ter um superpoder deve ser tratado como algo do dia a dia. O dom de contar uma boa história partindo das armadilhas de um dia normal é puro treino e talento.

ANOTAÇÕES GERAIS

NESTE MÊS, NÃO POSSO DEIXAR DE:

☐
☐
☐
☐
☐

PARA LER, ASSISTIR, JOGAR, OUVIR, DESCOBRIR...

☐
☐
☐
☐
☐

MELHORES *QUOTES* DO MÊS:

LIVROS INDICADOS

SEMANA 1
Nada a dizer,
Elvira Vigna

SEMANA 2
Noites de alface,
Vanessa Barbara

SEMANA 3
Amora,
Natalia Borges Polesso

SEMANA 4
O poder,
Naomi Alderman

semana 1

Segunda-feira

Terça-feira

Quarta-feira

Quinta-feira

Sexta-feira

Sábado e Domingo

"Nunca escrevi do ponto de vista masculino. Mulheres e gays, sim. Não sei se não tenho interesse ou se não sou capaz de me imaginar homem"

NADA A DIZER (2010), ELVIRA VIGNA

Um livro do ponto de vista de uma mulher traída, beirando a terceira idade e uma vida rotineira. Uma das personagens mais ácidas da autora, ela faz um balanço sobre amor e erotismo ao longo da vida e constata fatos muito diferentes do que a lógica da traição costuma ditar.

ELVIRA VIGNA
1947 — 2017
Escritora, ilustradora e jornalista

semana 2

Segunda-feira

Terça-feira

Quarta-feira

Quinta-feira

Sexta-feira

Sábado e Domingo

"As coisas da casa prendiam a respiração e esperavam. Desde então, a casa sem Ada é de gavetas vazias"
NOITES DE ALFACE (2013), VANESSA BARBARA

Uma casa de gavetas vazias é a metáfora que o protagonista idoso do livro usa para explicar a ausência da esposa morta. Um livro sobre solidão e convivência que prende a leitura pelos pequenos mistérios que dão sentido à vida.

VANESSA BARBARA
1982 —
Jornalista, tradutora e escritora

semana 3

Segunda-feira

Terça-feira

Quarta-feira

Quinta-feira

Sexta-feira

Sábado e Domingo

"Acontece que eu e a Bruna somos uma família, mas eu demorei para entender que éramos. Foi um dia em que eu fiquei bem doente e cogitei a possibilidade de passar a noite na casa dos meus pais e a Bruna ficou puta comigo, com razão. Aquela era a nossa casa e eu podia me sentir bem e protegida ali, foi assim que eu comecei a entender"

AMORA (2015), NATALIA BORGES POLESSO

Histórias banais e cotidianas de descobertas, dores, alegrias e rotinas protagonizadas por mulheres lésbicas de várias classes sociais, crenças e etnias. O livro de contos da autora é uma deliciosa leitura que só prova que o amor não escolhe identidade sexual, credo ou etnia.

NATALIA BORGES POLESSO

1981 —
Escritora, pesquisadora e tradutora

semana 4

Segunda-feira

Terça-feira

Quarta-feira

Quinta-feira

Sexta-feira

Sábado e Domingo

"O poder tem um comportamento próprio. Ele age sobre as pessoas, e as pessoas agem sobre ele"

***O PODER* (2016), NAOMI ALDERMAN**

O que aconteceria se meninas e mulheres do mundo inteiro passassem a ter um superpoder para se defenderem das violências cotidianas? Naomi Alderman mostra essa situação questionando se o poder e a vingança funcionam sempre em um mundo pouco tolerante.

NAOMI ALDERMAN
1974 —
Escritora e roteirista de games

mês 10

CAUSADORAS DE FRIO NA ESPINHA

Mulheres quase sempre são sub-representadas em histórias de horror: ou são vítimas ou são monstruosas. Porém, o mais interessante é que boa parte das figuras tradicionais do horror foram criadas por mulheres, como é o caso da criatura de Frankenstein. Conduzindo os/as leitores/as por narrativas de horror sem concessões, as autoras deste mês são trágicas e viscerais.

ANOTAÇÕES GERAIS

NESTE MÊS, NÃO POSSO DEIXAR DE:

☐
☐
☐
☐
☐

PARA LER, ASSISTIR, JOGAR, OUVIR, DESCOBRIR...

☐
☐
☐
☐
☐

MELHORES *QUOTES* DO MÊS:

LIVROS INDICADOS

SEMANA 1
Sempre vivemos no castelo,
Shirley Jackson

SEMANA 2
Frankenstein,
Mary Shelley

SEMANA 3
Entre rinhas de cachorros
e porcos abatidos,
Ana Paula Maia

SEMANA 4
As coisas que perdemos no fogo,
Mariana Enriquez

semana 1

Segunda-feira

Terça-feira

Quarta-feira

Quinta-feira

Sexta-feira

Sábado e Domingo

> "Sem olhar, eu conseguia ver os sorrisos e os gestos; queria que estivessem todos mortos e eu andasse sobre seus corpos"
>
> ***SEMPRE VIVEMOS NO CASTELO* (1962), SHIRLEY JACKSON**

Toda família tem seus segredos e com os Blackwood não é diferente. Merricat, a caçula, faz qualquer coisa para manter o que ela considera a harmonia de seu pequeno núcleo. Deliciosamente macabra, a obra mostra o porquê de a autora ser uma das principais escritoras do gênero.

SHIRLEY JACKSON
1916 — 1965
Escritora

semana 2

Segunda-feira

Terça-feira

Quarta-feira

Quinta-feira

Sexta-feira

Sábado e Domingo

> "Para examinar as causas da vida, precisamos primeiro entender a morte"
> **FRANKENSTEIN (1823), MARY SHELLEY**

MARY SHELLEY
1797 — 1851
Escritora

Considerado o primeiro livro de terror e ficção científica escrito por uma mulher, *Frankenstein* é um marco não apenas para o gênero mas para todo um imaginário popular da ideia de criador e criatura. O livro é uma longa reflexão sobre a vaidade do homem na ciência e como intelectual.

semana 3

Segunda-feira

Terça-feira

Quarta-feira

Quinta-feira

Sexta-feira

Sábado e Domingo

"Dias tristes podem ser frios ou quentes, cinzas ou azuis. E as sombras revestem as almas, desejos e pensamentos. E as sombras nem sempre são nossas, podem ser de qualquer um"
ENTRE RINHAS DE CACHORROS E PORCOS ABATIDOS (2009), ANA PAULA MAIA

Nesse que é um dos livros mais viscerais da literatura contemporânea brasileira, os personagens não abrem concessões, pois pertencem a um mundo sem filtros onde a única regra é a da sobrevivência. Sujeira e violência regem a narrativa, porém é impossível não se apegar aos personagens.

ANA PAULA MAIA
1977 — 2011
Escritora e roteirista

semana 4

Segunda-feira

Terça-feira

Quarta-feira

Quinta-feira

Sexta-feira

Sábado e Domingo

"A maneira mais interessante de se retratar a realidade é ampliá-la, pois facilita a observação de diferentes pontos de vista"
AS COISAS QUE PERDEMOS NO FOGO (2016), MARIANA ENRIQUEZ

Um livro de contos que, juntos, formam um universo perturbador de corpos desviantes, pessoas que desaparecem, animais selvagens fantasmagóricos e mulheres incendiárias. A escritora argentina encontra na fantasia formas de explicar a crueza do passado e do presente.

MARIANA ENRIQUEZ
1973 —
Escritora e jornalista

mês 11

"LATINOAMERICANAS"

Apesar de o Brasil ser um país latino-americano, muitas vezes há resistência em ler e prestar atenção na produção cultural dos países vizinhos. Muitas escritoras *latinoamericanas* nunca haviam sido traduzidas no Brasil, como é o caso de duas das propostas de leitura deste mês. O fantástico e o insólito são marcas registradas na autoria de mulheres desses países que conviveram com ditaduras e governos totalitários. Ler essas mulheres também é aprender sobre nosso país.

ANOTAÇÕES GERAIS

NESTE MÊS, NÃO POSSO DEIXAR DE:

☐
☐
☐
☐
☐

PARA LER, ASSISTIR, JOGAR, OUVIR, DESCOBRIR...

☐
☐
☐
☐
☐

MELHORES *QUOTES* DO MÊS:

LIVROS INDICADOS

SEMANA 1
A fúria,
Silvina Ocampo

SEMANA 2
As lembranças do porvir,
Elena Garro

SEMANA 3
Garotas mortas,
Selva Amada

SEMANA 4
O país das mulheres,
Gioconda Belli

semana 1

Segunda-feira

Terça-feira

Quarta-feira

Quinta-feira

Sexta-feira

Sábado e Domingo

"Seus olhos brilhavam, só agora me dou conta, como os das hienas. Fazia-me lembrar uma das Fúrias"
A FÚRIA (1959), SILVINA OCAMPO

SILVINA OCAMPO
1903 — 1993
Escritora e poeta

Excêntrica e rica, Ocampo também foi uma das contistas mais interessantes do século 20. Precursora do insólito no melhor da tradição latino-americana de contos, criou universos e personagens insólitos apenas para dizer que o cotidiano é mais do que o acúmulo de horas.

semana 2

Segunda-feira

Terça-feira

Quarta-feira

Quinta-feira

Sexta-feira

Sábado e Domingo

"Não se ouvia sequer o pulso do meu povo. Na verdade não sei o que aconteceu. Fiquei fora do tempo, suspenso em um lugar sem vento, sem murmúrios, sem barulho de folhas nem suspiros"

AS LEMBRANÇAS DO PORVIR (1963), ELENA GARRO

Um povoado mexicano dominado pela crueldade e violência de um militar dá o tom do livro, escrito quatro anos antes do marco inicial do realismo mágico latino-americano. A escritora mexicana tem apenas esse livro traduzido, mas ele é um belo exemplar da sua escrita.

ELENA GARRO
1916 — 1998
Escritora e poeta

semana 3

Segunda-feira

Terça-feira

Quarta-feira

Quinta-feira

Sexta-feira

Sábado e Domingo

"Eu tinha treze anos e, naquela manhã, a notícia da garota morta me chegou como uma revelação. Minha casa, a casa de qualquer adolescente, não era o lugar mais seguro do mundo. Você podia ser morta dentro da sua própria casa. O horror podia viver sob o mesmo teto"

GAROTAS MORTAS (2014), SELVA ALMADA

Três casos de meninas assassinadas na Argentina se misturam com a vida da autora, que também é a narradora. Mulheres sobrevivendo a notícias de outras mulheres sendo mortas e a noção de suspense e horror que ditam o ritmo de nossos dias.

SELVA ALMADA
1973 —
Escritora e poeta

semana 4

Segunda-feira

Terça-feira

Quarta-feira

Quinta-feira

Sexta-feira

Sábado e Domingo

"Ela não aspirava ao matriarcado, mas a uma sociedade de iguais. E era possível. Acreditava nisso com todos os seus hormônios"
O PAÍS DAS MULHERES (2010), **GIOCONDA BELLI**

Diferentemente das distopias, esse livro da escritora nicaraguense propõe uma utopia em um pequeno país, o fictício Fáguas. Viviana é a figura política da chamada Esquerda Erótica e é atacada assim que eleita. Enquanto está em coma ela vai rever o passado e pensar como chegou até ali.

GIOCONDA BELLI
1948
Escritora, poeta, jornalista e ativista

mês 12

HABITANTES DE OUTRO(S) MUNDO(S)

Desde sempre a autoria de mulheres tem uma parcela de construtoras de novos mundos, que possam ser habitados livremente. Utopias e distopias, planetas longínquos em outras galáxias ou revisões da história e dos mitos do nosso próprio mundo: habitar outros lugares é pensar novas possibilidades de existências e igualdades. Os quatro livros deste mês nos levam para regiões que fazem refletir as condições humanas.

ANOTAÇÕES GERAIS

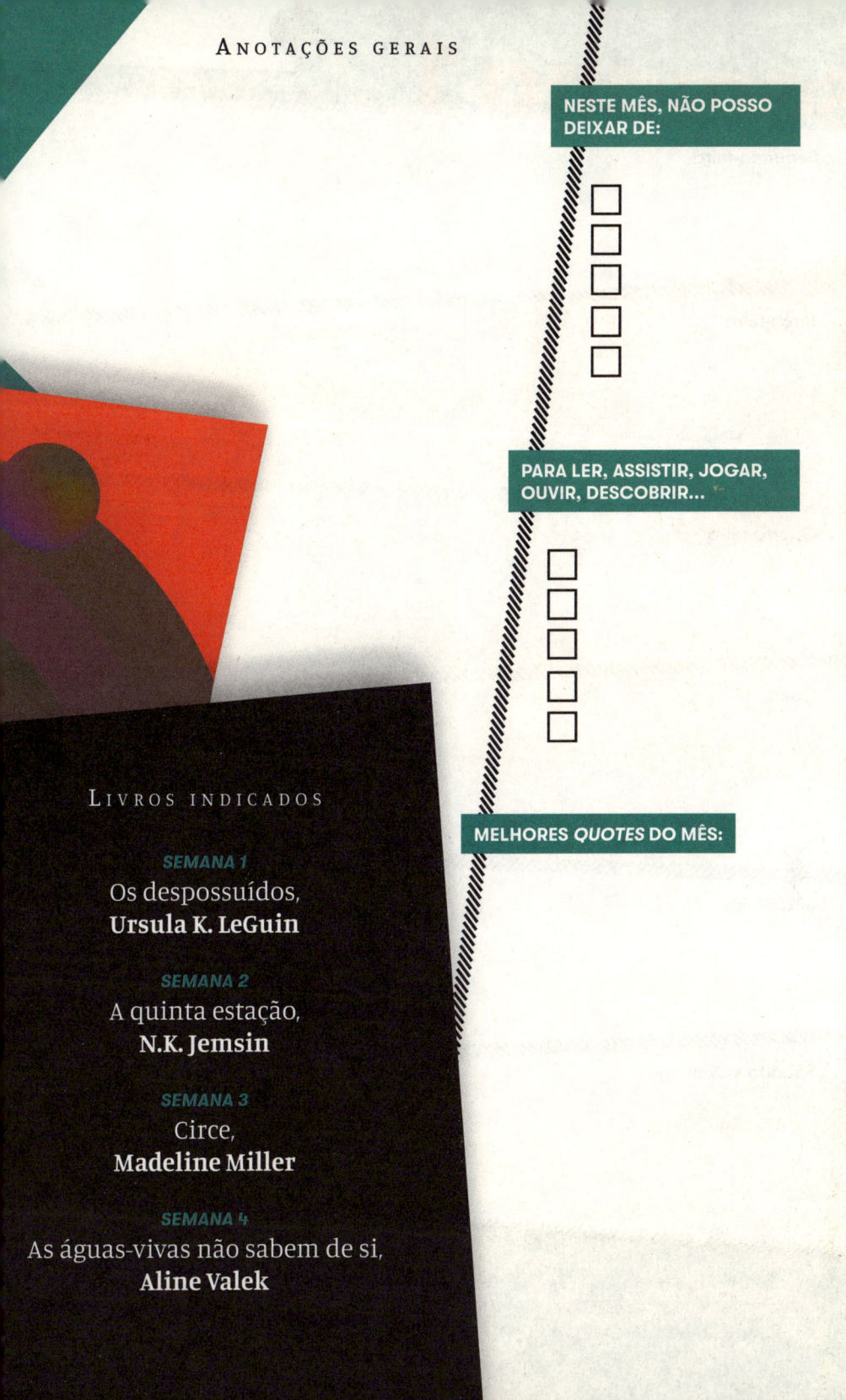

NESTE MÊS, NÃO POSSO DEIXAR DE:

☐
☐
☐
☐
☐

PARA LER, ASSISTIR, JOGAR, OUVIR, DESCOBRIR...

☐
☐
☐
☐
☐

MELHORES *QUOTES* DO MÊS:

LIVROS INDICADOS

SEMANA 1
Os despossuídos,
Ursula K. LeGuin

SEMANA 2
A quinta estação,
N.K. Jemsin

SEMANA 3
Circe,
Madeline Miller

SEMANA 4
As águas-vivas não sabem de si,
Aline Valek

# semana 1

Segunda-feira

Terça-feira

Quarta-feira

Quinta-feira

Sexta-feira

Sábado e Domingo

"A Revolução está no espírito do indivíduo, ou em nenhum outro lugar. Ela é para todos, ou não é nada. Se a consideramos como tendo um fim, ela jamais terá um começo realmente. Não podemos parar aqui. Devemos continuar. Temos de correr o risco"

OS DESPOSSUÍDOS (1974), URSULA K. LEGUIN

Uma das mais prolíficas escritoras do século 20, não temia criar e organizar planetas e sistemas planetários. No livro, trata de dois planetas que têm sistemas políticos opostos e falhos. Fazendo alusão ao momento histórico da época, o livro é atemporal, e a História, repetitiva.

URSULA K. LEGUIN
1929 — 2018
Escritora

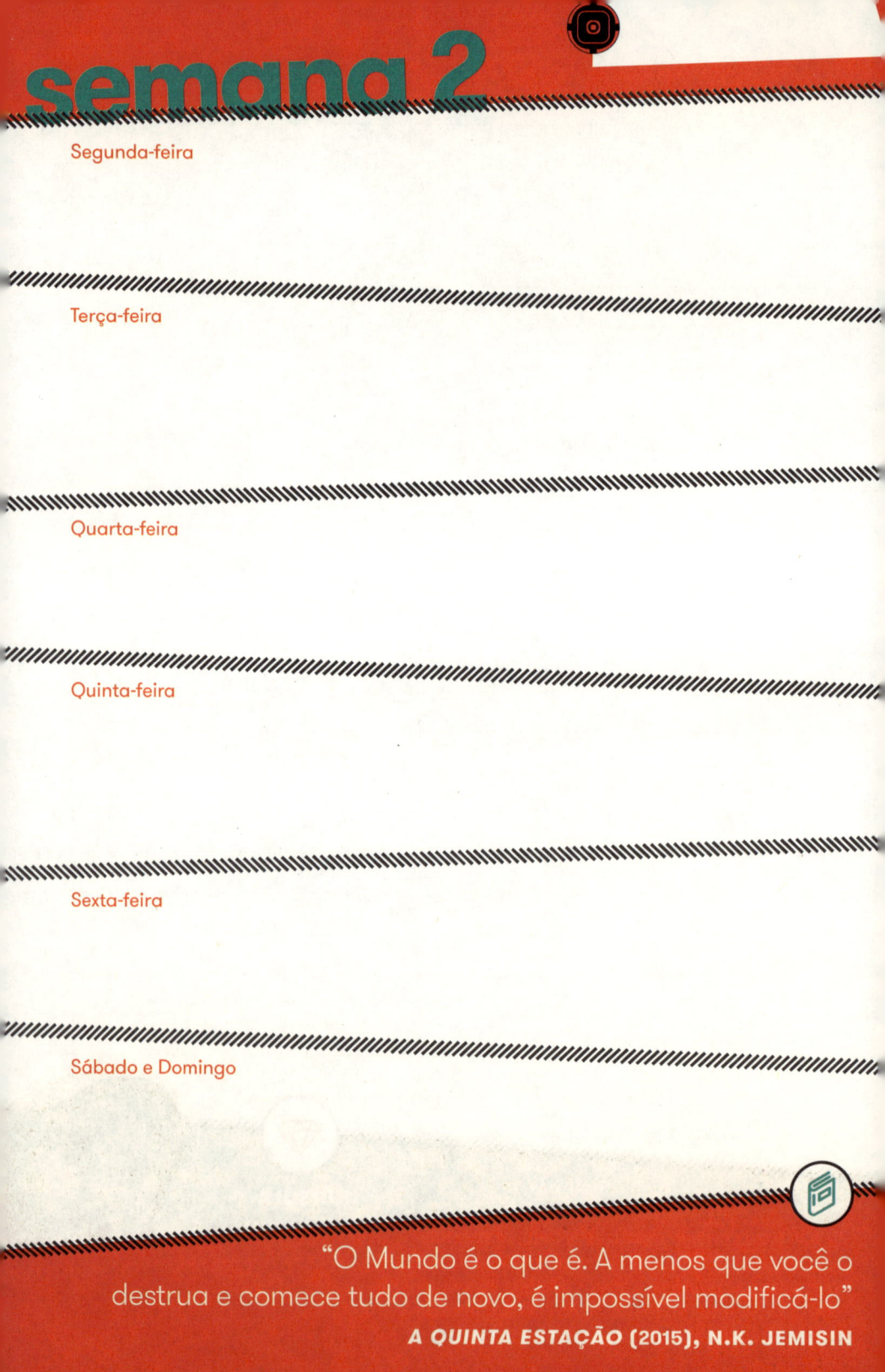

semana 2

Segunda-feira

Terça-feira

Quarta-feira

Quinta-feira

Sexta-feira

Sábado e Domingo

"O Mundo é o que é. A menos que você o destrua e comece tudo de novo, é impossível modificá-lo"
A QUINTA ESTAÇÃO (2015), N.K. JEMISIN

O primeiro livro da série Terra Partida é instigante para conhecer o mundo Quietude, que passou por todo tipo de evento catastrófico da natureza e tornou seus habitantes crus e raivosos. As mulheres desse lugar são fortes e grandiosas, afinal, nesse mundo não há compaixão.

N.K. JEMISIN

1972 —
Escritora e psicóloga

semana 3

Segunda-feira

Terça-feira

Quarta-feira

Quinta-feira

Sexta-feira

Sábado e Domingo

"Bruxas são mulheres cujos poderes os homens não conseguem controlar"

CIRCE (2018), MADELINE MILLER

Aqui a feiticeira Circe deixa de ser uma personagem simplória da *Odisseia* e tem sua história contada desde que nasceu, na casa do grande Hélio, até quando é treinada para domar seus poderes a favor de Zeus. Cabe, então, a ela decidir se viverá reclusa em um mundo dominado por homens.

MADELINE MILLER
1978 —
Escritora, especialista em Literatura e professora

semana 4

Segunda-feira

Terça-feira

Quarta-feira

Quinta-feira

Sexta-feira

Sábado e Domingo

"Um traje vazio afundando devagar no escuro. Um acidente, mais um pedaço de lixo enviado pela superfície, uma oferenda. Uma coisa sem significado, uma mensagem pela metade, uma resposta, uma tentativa de contato"

AS ÁGUAS-VIVAS NÃO SABEM DE SI (2016), ALINE VALEK

Cinco personagens se afundam em um abismo marítimo e escavam suas profundezas de mistérios do fundo do mar. Apesar de ter uma protagonista, o livro é formado de histórias sobre evoluções, criaturas reais e fantasiosas. Um clássico contemporâneo da literatura brasileira.

ALINE VALEK
1986 —
Escritora, ilustradora, publicitária

CURADORIA E REDAÇÃO: Emanuela Siqueira
EDIÇÃO DE TEXTO E DE ARTE: Jacob Paes
REVISÃO: Equipe Escotilha

ESCOTILHA_ns

ESCOTILHA_ns é uma marca do Grupo Novo Século.

Alameda Araguaia, 2190 – Bloco A – 11º andar – Conjunto 1111
CEP 06455-000 – Alphaville Industrial, Barueri – SP – Brasil
www.gruponovoseculo.com.br | escotilha@gruponovoseculo.com.br
www.escotilhans.com.br | @escotilhans nas redes sociais

Ícones
Shutterstock

Créditos das fotos das autoras (em ordem de aparição)
Shutterstock / Domínio público / Shutterstock / Reprodução de InfoEscola / jeanbaptisteparis via Wikiwand / © Bungeishunju Ltd. / Reprodução de Rencontres Int Geneve (RfG) / © Nina Subin / Domínio público / © Art Streiber August via The New York Times / © Vianney Le Caer, Invision, via The Associated Press / © Tom Atwood via Dazed / Wikimedia (livre de direitos) / Wikimedia (livre de direitos) / © Kyle Cassidy / Wikimedia (livre de direitos) / © Kim Manresa / Wikimedia (livre de direitos) / Reprodução cultmagazine.com.br / Wikimedia (livre de direitos) / - / Domínio público / Domínio público / Arquivo Clarice Lispector-Instituto Moreira Sales (IMS) / Reprodução de Itaú Cultural / Reprodução de IEA-Jornal da USP / Wikimedia (livre de direitos) / Domínio público / Reprodução / Wikimedia (livre de direitos) / Wikimedia (livre de direitos) / Reprodução do blog do autor / Reprodução de Blog da Companhia / Wikimedia (livre de direitos) / Wikimedia (livre de direitos) / © Stuart C. Wilson - Getty Images - via For Baileys / Reprodução / Samuel John Stump - Fine Art Images - Heritage Images - Getty Images / © Marcelo Correia / Wikimedia (livre de direitos) / Reprodução / Wikimedia (livre de direitos) / Wikimedia (livre de direitos) / Wikimedia (livre de direitos) / © Beth Gwinn / Wikimedia (livre de direitos) / Wikimedia (livre de direitos) / Wikimedia (livre de direitos)